DESSEIN

DU

DIVERTISSEMENT

PREPARE' POUR LA FESTE

DE

MADAME DE C***

Le 18. Juillet 1700.

DESSEIN
DU
DIVERTISSEMENT
PREPARE' POUR LA FESTE
DE
MADAME DE C***
LE 28. JUILLET 1700.

A premiere penſée de ce diver-
tiſſement n'avoit eſté d'abord,
que de faire un preſent d'une Mignature cachée dans quelques
fleurs, où Madame de C*** euſt occaſion
de la trouver, en écoutant les paroles d'un
petit Concert fait exprés pour elle, par le-
quel on vouloit la ſurprendre. Mais comme l'execution en auroit eſté difficile, ſelon le premier projet ; on jugea à propos
d'ajoûter quelque autre choſe pour ga-
gner le temps de faire le Concert, & y arri-

A ij

ver par degrez en donnant toujours quelque nouveau fujet de plaifir qui n'euft pas
efté prevû.

Le premier fut la décoration du Bouquet. Il reprefentoit un Temple de Flore.
C'eftoit une corbeille, du milieu de laquelle s'élevoient quatre colonnes revêtuës
de fleurs de Jafmin entre-coupées de leurs
feüilles vertes. Ces colomnes foutenoient
une frife ou corniche des mêmes fleurs, qui
renfermoient un ovale dans le quarré qu'elles formoient. Des feftons de fleurs de couleurs differentes defcendoient de la corniche & tomboient fur les colomnes, & au milieu de chaque frontifpice. Audeffus de l'o-
vale s'élevoit une coupole de fleurs d'Orange, femblable à une couronne fermée. Des
fleurs de Grenade la terminoient, & or-
noient le haut des colomnes au tour de la
coupole. Des guirlandes d'Oeillets de diverfes nuances, formoient autour de la corbeille des efpeces de degrez qui s'élevoient
jufques prés des colomnes, en forte que
cela pouvoit aifément reprefenter un efca-
lier pour monter au Temple.

Cette décoration fut accompagnée de
la Lettre fuivante.

A MADAME DE C***.

LE JOUR

DE SA FESTE.

VOus m'ordonnâtes l'autre année,
D'invoquer les neuf Sœurs
Pour celebrer cette Journée ;
Ou bien de vous donner quelque bouquet de fleurs.
Belife, j'obeïs ; mais pour vous rendre hommage,
Peut-être je devrois faire encor davantage.

Ces fleurs m'acquiteront envers vous, fi vous agréez le facrifice de leurs parfums & de leurs couleurs. Elle n'ont rien de plus precieux, puifque leur vie n'eft autre chofe, que beauté & que bonne odeur. C'eft cependant ce qu'elles vont perdre pour honorer votre Fête.

Que n'ay-je le même bonheur
De ce peuple brillant de Flore !
Je le furpafferois en refpect, en bon cœur,
S'il falloit vous prouver combien je vous honore :
Moy qui ne craindrois pas, en vous voyant fouffrir,
De chercher un moyen de foulager vos peines,
Au prix, comme luy, de tarir
Le fang qui coule dans mes veines.

Mais ce n'en eft pas l'occafion, & des feftons, des guirlandes, & des couronnes font bien plus propres à celebrer une Fête. En voicy que les fleurs ont formées prefque

d’elles-mêmes , dés qu’elles ont fçu que c’é-
toit pour la vôtre que je les cherchois ; & fi
j’avois été moins perfuadé que je le fuis ,
du plaifir qu’il y a de vous offrir fes fervices,

Elles m’auroient appris quand je les ay cüeillies,
Par leur empreffement & leurs tendres faillies ,
Qu’il n’eft point un deftin plus grand, plus glorieux;
 Qu’enfin c’eft un plaifir extrême
D’offrir à des amis que tendrement on aime,
Ce qu’on a de plus cher & de plus precieux.

Ce font icy leurs propres termes. Car
vous penfez bien , qu’elles parlent le langa-
ge d’Apollon, qui les a fait naître. Elles fe-
roient toutes venuës à vous , fi pour éviter
la confufion, on n’avoit voulu députer des
plus belles , afin de vous affurer des refpects
de celles de tout leur empire. C’eft ce
qu’elles ont fait de la meilleure grace du
monde.

On voyoit ces riantes fleurs ,
Sans perdre leur fraifcheur , ni leurs vives couleurs ;
 Se difputer l’honneur , la preference
 De mourir en vôtre prefence.

Votre gloire n’eft pas moins grande dans
leurs Etats, que parmi nous ; & avec l’eftime
qu’elles en font, vous ne feriez pas un grand
effort pour vous en rendre maîtreffe.

Au moment qu’on les vit éclore ,
Même encor dans le fein de Flore ,

7

'Au milieu des jeunes Zephirs,
Il ne leur eſt jamais échappé de ſoupirs,
En quittant , pour paſſer ſous votre obeïſſance,
Le lieu charmant de leur naiſſance.

Leurs diſputes furent pourtant fort vives, & elles voulurent en faire juges les Zephirs leurs Amans. Mais tout volages qu'ils
ſont, ils ſe tirerent parfaitement bien d'in-
trigue , ſans courir le riſque de perdre les
bonnes graces d'aucunes d'elles. Ils les per-
ſuaderent, qu'il valloit mieux tirer au ſort
pour ſçavoir celles qui devoient vous être
preſentées, pour vous expoſer les interêts
communs & particuliers de leur Republi-
que , & que ſans doute, vous en jugeriez
ſans prevention : Le ſort tomba ſur l'Oeil-
let, le Jaſmin, & la fleur d'Orange, auſ-
quelles il fut permis d'en choiſir d'autres
pour compoſer leur ſuite, ſelon que l'occaſion l'exigeoit pour la magnificence. Les
voicy.

Apprenez d'elles les raiſons
Qui faiſoient le droit de leur cauſe :
L'une par ſes vertus croyoit prouver la choſe ;
Une autre l'appuyoit ſur l'ordre des Saiſons
Où toujours on la voit écloſe.

❁✦❁

C'eſt à vous ſeule de juger
De leurs beautez & de leur excellence,
Elles ſont en votre preſence,
Vous pouvez les interroger.

A iiij

Ne vous étonnez pas de les trouver un
peu fletries ; le chemin qu'elles ont fait, &
la chaleur de leurs difputes en eft la caufe.
Je crains bien qu'en cet état, elles ne fon-
gent qu'à vous parler pour elles-mêmes, &
qu'elles n'oublient de vous témoigner mes
refpects, & de vous affurer que je fuis, &c.

On avoit roulé des morceaux de papier,
qui s'enfonçoient en des cercles de fleurs :
ils en étoient auffi couronnez, de la même
efpece de celles qu'on faifoit parler dans
les Vers qui y étoient écrits : Ces rouleaux,
s'élevoient au milieu du vuide de chaque
frontifpice.

On lifoit dans le premier, couronné de
diverfes fortes de fleurs, ces fentimens de
Flore elle même.

FLORE à Belife.

Lors que mon peuple m'abandonne ;
Qu'en me quittant il vous couronne,
Ne devrois-je pas devant vous
Faire éclater tout mon courroux ?
Dans mon reffentiment la raifon m'authorife.
Mais en vous regardant, adorable Belife,
Par le même charme feduit,
Je fens que mon cœur eft reduit
A vous rendre un pareil hommage.
Plus que lui je vous aime, & s'il faut mon fuffrage
Pour l'arrêter fous vôtre loy,
Je vous répons moy-même de fa foy,

Dans le second rouleau étoit une devise, qui avoit pour corps la fleur de l'Oeil-
let, à laquelle on attribuë la vertu de for-
tifier le cœur, avec ces paroles : JE PLAIS
AUX YEUX ET JE CHARME LE COEUR.

L'OEILLET.

Voicy la saison où je brille.
Par mon odeur & mes couleurs,
Je surpasse en beauté toutes les autres fleurs,
La Rose, le Jasmin, le Lis & la Jonquille :
JE PLAIS AUX YEUX ET JE CHARME
LE COEUR.
Qui peut, adorable Belise,
Me disputer l'honneur
De composer votre devise ?

Le Jasmin parloit à son tour dans le troi-
siéme rouleau, où on lisoit ces Vers.

LE JASMIN.

Ma candeur égale à la vôtre,
Doit emporter la gloire sur toute autre,
D'avoir votre protection :
La pureté, l'honneur, & la devotion,
Dont je fus toujours le symbole,
Et qui fait de vos jours le charme & les douceurs,
Vont rendre auprés de vous le droit des autres fleurs
Et leger & frivole.

Enfin, la fleur d'Orange s'expliquoit en
ces termes.

LA FLEUR D'ORANGE.

Petites fleurs que la beauté rend vaines,
Quoy ! vous pretendez donc être nos souveraines ?

Orgueilleuses , perdez icy votre fierté.
Le Dieu , dont nous tenons vous & moy la clarté,
    M'a faite & plus riche & plus belle.
Je regne dans l'hyver , en la saison nouvelle ;
Je vois naistre & mourir toutes les autres fleurs ;
Et lors que le Soleil par ses vives chaleurs
    Vient à semer sur l'herbe
    Ma dépoüille superbe ,
Mon sort n'en est alors que bien plus glorieux :
Je renais dans un fruit charmant , delicieux ,
    Qui fait qu'en tout je symbolise *[simpatise]*
    Avec l'adorable Belise.
    Toujours aimable en ses âges divers ,
    Elle verra de nombreuses années
    Sans craindre les revers
    Des affreuses destinées
Qu'éprouve comme vous une fresle beauté ,
Qui ne plaist seulement que par sa nouveauté.

    Terminons enfin ces disputes.
Le dessein de lui plaire est commun entre nous.
Avec moy renonçant à tout ce que vous fûtes ,
    Perdez aussi vôtre couroux.
Qu'un éternel accord fasse dans un ouvrage ,
    De nos plus brillantes couleurs
    Un parfait assemblage ,
    Qui fera la gloire des fleurs.
    Apollon nôtre pere
    Est celui qui le doit former.
Il n'est pas encor tems d'en sçavoir le mystere ;
On aura bien-tôt soin de vous informer.

Il eût été à souhaitter que les rouleaux
se fussent ouverts , selon cet ordre , parce

que le sens des paroles est plus lié. Mais il ne fut pas possible de trouver un moyen de les faire developper ainsi, parce qu'il n'y a rien qui puisse regler l'empressement que cause la curiosité en ces occasions.

Ces premieres découvertes, avec la Lettre, passerent pour le Bouquet entier, & on eut le loisir d'amuser jusques au temps que le concert devoit commencer.

Pour remplir ce tems, ceux qui étoient de la Fête venoient tour à tour offrir leurs presents de fleurs, de confitures, & autres choses semblables; lors qu'un petit enfant couronné de fleurs fut presenté pour donner aussi son Bouquet, il étoit accompagné des Vers suivans.

LE BAMBINO.

Paré de fleurs je viens à vôtre Fête
Y prendre part aux jeux qu'on vous apprête.
    Pour hommage respectueux,
      Acceptez-y mes premiers vœux.
Mais que d'un tendre enfant l'innocente figure,
Dont on dit que souvent l'amour est revêtu,
      N'allarme point vôtre vertu :
      Pour moy, je suis de bon augure.
    Malheur au cœur que le fourbe a seduy !
Tôt ou tard le cruel s'en fait une pâture.
      Pour faire une telle imposture,
Je ne suis pas si beau ni si traître que luy.

Enfin l'heure du concert étant venuë, il fut tres bien executé. Il étoit compofé d'un claveffin, de deux baffes de violes, deux violons, deux haut-bois & un baffon, avec cinq voix. La mufique en avoit été compofée par Mr. d'A..... Il a un tel genie pour cet art, qu'avant même d'en fçavoir les regles, il s'eft trouvé, comme les premiers inventeurs, capable de faire d'excellentes chofes felon les principes.

On fuppofe pour ce petit divertiffement que Licas avec quelques autres Pafteurs veut preparer une Fête à Belife : c'eft pourquoy il invoque les Mufes, comme on le va voir.

DIALOGUE

POUR LA MUSIQUE.

LICAS Pafteur, qui prepare la Fête. URANIE, MELPOMENE, THALIE & POLYMNIE, Mufes. ALCIDON, TIRCIS, Pafteurs de la Fête. CLORIS, Bergere auffi de la Fête. CHOEURS de Mufes & de Pafteurs.

LICAS.

De Belife aujourd'huy nous celebrons la Fête.
Mufes, pour l'honorer abandonnez les Cieux,

Aprés avoir chanté les Eloges des Dieux,
Descendez, & de fleurs venez orner sa tête.

Un CHOEUR de Pasteurs repete :

Aprés avoir chanté, &c.
THALIE.
Quel nom merite mieux & nos chants & nos vers ?
Junon qu'adore l'Univers,
N'a pas un cœur & plus grand & plus tendre.
Quels honneurs en ce jour ne doit-on pas lui rendre ?
MELPOMENE.
Flore, secondez nos desirs.
Conduisez en ces lieux les jeux & les plaisirs.
Que la terre avec nous partage
Le bonheur de lui rendre hommage.
THALIE.
Je vais lui preparer un spectacle nouveau.
POLYMNIE.
De chants delicieux j'y joindray l'harmonie.

THALIE *&* POLYMNIE *ensemble*

Soleil, pour l'éclairer rendez ce jour plus beau.
Vous, Dieu des Vers, animez mon genie.
ALCIDON.
Silentio, o venti,
Ne' prati fioriti.
Dalla terra
Il Dio d'Amore,
Col suo ardore,
Uscir ne farà
Altri più belli.
Silentio, o venti,
Ne' prati fioriti.

IMITATION DE L'ITALIEN.

Ne grondez plus, fiers Aquilons.
Revenez, doux Zephirs, regner en ces vallons;
Et l'Amour fertile en miracles
Fera naître en ces lieux
D'aussi charmans spectacles
Qu'on en prepare dans les Cieux.
Ne grondez plus, fiers Aquilons,
Revenez, doux Zephirs, regner en ces vallons.
TIRCIS.
Viens, ma Cloris, à cette Fête.
Parmy tous les plaisirs qu'en ces lieux on apprête;
Doivent regner ceux de l'amour :
Tout sera permis en ce jour :
Les jeux, les ris, & la tendresse
Doivent marquer nôtre allegresse.
CLORIS.
Je crains toujours l'amour, il me paroît terrible;
Et dans ses plus charmans plaisirs,
Il nous prepare des soupirs.
Qu'à ses trompeurs appas mon cœur inaccessible
Evite long-tems le danger
Où tu voudrois Tircis peut-être m'engager !
URANIE.
Quoy ! par ces vains amusemens
Vous esperez lui plaire ?
Helas ! vous ferez le contraire.
Je la connois, mes sœurs. De tous ces agrémens
Craignant l'amorce criminelle,
Sa vertu, sa raison ont défendu son cœur.
J'imagine un present beaucoup plus digne d'elle,
Qui ne peut allarmer sa timide pudeur.

D'un Epoux l'image fidelle
Pourroit seule aprés lui faire tout son bonheur.
Apollon a pris soin lui-même
D'en former une de sa main.
Vous devez, en l'offrant, répondre à son dessein,
C'est pour elle un present plus grand qu'un diadême.

THALIE, POLYMNIE & MELPOMENE.

Belise, un des plus grand des Dieux
Offre un doux spectacle à vos yeux.

LE CHOEUR.

Triomphez, triomphez, adorable Belise.
Si votre sort est glorieux,
Personne ne merite mieux
Que le Ciel la favorise,
Triomphez, triomphez, adorable Belise.

Fin du Dialogue.

Le recit d'Uranie donna occasion de chercher dans la corbeille de fleurs le portrait en mignature de grandeur à mettre en brasselet. Il y étoit enfermé dans une boëte au dessous de ces Vers.

LE PORTRAIT A BELISE.

Le fidele Cephale enlevé par l'Aurore,
Souffrit moins, éloigné des beaux yeux de Procris,
Pour la Déesse il eut moins de mépris,
Qu'en ce riant palais de Flore
J'en ay pour toutes les faveurs
Que je reçois de ces brillantes fleurs.
Elles m'empêchent de paroître
Au seul endroit où je veux être,

Tirez-moy de cet embarras;
Et que toujours à votre bras
Je puiſſe à tous momens vous dire?
Que mon original également aſpire
Au tranquille & parfait bonheur
De ne ſortir jamais de vôtre cœur.

Le preſent du Portrait étoit le ſeul ſujet de la Fête pour laquelle tout cet appareil avoit été fait. Quoy qu'il fût tres agreable à Beliſe, il auroit été de peu de merite pour la plûpart des autres femmes: Mais nous conſervons encore la vieille pratique parmy nous d'aimer nos femmes, & de faire ce que nous pouvons pour nous en faire aimer.

Un repas finit la journée & cette Fête.

Permis d'Imprimer. Fait ce 11. Aouſt 1700.
M. R. DE VOYER D'ARGENSON.

De l'Imprimerie de JEAN-BAPTISTE CUSSON,
rue ſaint Jacques, au Nom de JESUS. 1700.